Durel Emmanuel ETSAH

Le pardon

Durel Emmanuel ETSAH

Le pardon

Une source de joie

Éditions Croix du Salut

Imprint

Any brand names and product names mentioned in this book are subject to trademark, brand or patent protection and are trademarks or registered trademarks of their respective holders. The use of brand names, product names, common names, trade names, product descriptions etc. even without a particular marking in this work is in no way to be construed to mean that such names may be regarded as unrestricted in respect of trademark and brand protection legislation and could thus be used by anyone.

Cover image: www.ingimage.com

Publisher:
Éditions Croix du Salut
is a trademark of
Dodo Books Indian Ocean Ltd. and OmniScriptum S.R.L publishing group

120 High Road, East Finchley, London, N2 9ED, United Kingdom
Str. Armeneasca 28/1, office 1, Chisinau MD-2012, Republic of Moldova, Europe
Managing Directors: Ieva Konstantinova, Victoria Ursu
info@omniscriptum.com

Printed at: see last page
ISBN: 978-620-3-84205-0

"Construire existe entre un projet ou une vision déterminée, et les matériaux que l'on a choisis. On substitue un ordre à un autre qui est initial, quels que soient les objets qu'on ordonne. Ce sont des pierres, des couleurs, des mots, des concepts, des hommes, etc. Leurs natures particuliers ne changent pas les conditions générales de cette sorte de musique où elle ne joue encore que le rôle du timbre..."

À Adams MOUKOURI

Aussi rare que les étoiles du matin.

(Expression chinoise)

Je vous invite à bien lire, cette ouvrage chers parents, frères & Sœurs ; soyez attentif et chercher à prendre contrôle de votre vie, abandonné tout ce qui n'est pas bien, soyez honnête avec vous-même.

Ce livre est le résultat d'un long parcours.

Je tiens à remercier particulièrement mon parrain monsieur Adams MOUKOURI, Pour tout ce qu'il m'a apporté,

Ma famille et proche pour leurs soutiens, Et ma bien aimé,

Pour m'avoir accompagné sur ce chemin.

REMERCIEMENT

Je tiens à remercier particulièrement !

Mon papa Ma maman

Maman Rachèlle Mes grands parents Flora NGOLO.

Ausiace Viane ETSAH. Abraham ETSAH

A toute la famille ETSAH. A ma famille maternelle.

Ma tante Carine.

Mon petit propre Threcy MONGO Mon petit Nathan Yoann

ONTSOUKA Mon frère Desti ONTSIRA

La famille IKAMA La famille EBATA La famille

KONATE

Mon grand frère Gaël OBA Mon frère Ousmane

A mon frère Wiz Fred

A tous mes grands frères et grandes sœurs.

Tous mes partenaires

Madame Chrislie, Directrice de l'ARC.

Monsieur Archelon Gestionnaire à UBA BANK

Monsieur Aoumen SAFOU, mon parrain.

Monsieur Lisly, le coordonnateur

Monsieur Hussein GHASSANI, Directeur à AGATE Déco Monsieur

Jef JUNIOR, Responsable Commercial à Burotec.

Monsieur Rabiston ONDON, Formateur à DS-MAS International.

Dieuveil MIYALOU, qui a été toujours présent. Lionel

MOUKALA, qui a été toujours présent. Vicynthe OYENDZE, mon Assistance personnelle.

A mon Staff:

Gambou GANGOUE, l'économiste.

Prince SOUSSOU, l'International Diable Rouge.

Tims SABANDO, l'Ingénieur en Bâtiment.

Trésor MONGO

Elvis l'ingénieur en Bâtiment.

Paul OSSEBI, mon frère.

Jeremy mon frère Julfred mon frère. Chrys AMBENDE US-DJIRI

Rosa YOKA Juliana NGAKOSSO

Vanessa

A ma Japonaise

Comme reviennent à nos esprits à chacun les moments forts que nous avons passés ensemble, voilà près d'une vingtaine d'années et sous votre stimulante animation, je vous remercie tous.

Je remercie aussi tous les contributeurs à la méthode Merise, souvent anonymes, qui ont fait que cette méthode s'enrichisse et évolue au fil du temps.

Enfin, la gestation, la naissance et l'actualisation d'un tel ouvrage ne se font pas sans quelques petits sacrifices et nous n'oublions pas la confiance et le soutien de nos institutions respectives, ainsi que la patience compréhensive de nos entourages familiaux

AVANT-PROPOS : COMMENT UTILISER CE LIVRE

J'écoute et j'oublie. Je lis et je retiens.

Je fais et j'apprends.

(Proverbe chinois)

Ce livre vous propose plusieurs options du pardon. Il a été conçu pour vous aider à mieux comprendre à se pardonner les uns aux autres.

Ce livre constitue à ce titre et par la qualité de son contenu, un soulagement pour tous, un véritable aide de se pardonner et par conséquent ils vous permettent d'affronter les épreuves de la vie et accepté de pardonner quel que soit le motif.

TABLES DES MATIERES

Ce livre est destinée à tout ce dont j'ai causé du tord

J'ai fait du mal à plusieurs personnes dont je demande un pardon de tout cœur

Tout premièrement à mes parents, à ma famille, au serviteur de Dieu, à mes collègues, mes partenaires, au groupe STA Center, à mon grand frère Genèse LIKIBI, mon frère Aldy IKAMA, à mon enquêteur Fabrice, et bien d'autres personnes que je n'ai pas pu citer

Pardonner moi

<u>**Préface**</u>

Un des obstacles majeurs à l'épanouissement des hommes est le ressentiment. En refusant de pardonner, l'Homme se détruit lui-même **moralement, physiquement** et **spirituellement**.

Cette vérité, qui occupe pourtant une place si important dans la vie, est malheureusement trop souvent négligée. Que de vies, de foyers et d'églises sont ravagés par ce fléau !

Sans aucun doute, le pardon est le fondement d'une vie heureuse et victorieuse ;

Même le Seigneur a été clair à ce sujet. **Il nous révèle que pardonner n'est pas un luxe, mais une nécessité.** Il connait nos cœurs, nos difficultés dans ce domaine, c'est pourquoi il veut nous aider à expérimenter la puissance libératrice du pardon.

Le pardon est réellement la clé de nos relations avec Dieu et les hommes. Moi Durel Emmanuel ETSAH, j'ai pu me rendre compte maintes fois de ce grand besoin dans nos vies. D'autre part, combien de fois j'ai pu me réjouir en voyant comment le pardon libère, opère des miracle, brisant les cœurs les plus durs, rétablissant des foyers désunis et changeant les situations les plus désespérées. Si cela est arrivée à plein de personne pourquoi pas à vous aussi, pardonnez comme Dieu nous a pardonné en christ. Grace au pardon les vies seront libérées, les frères et sœurs seront réconciliés, des corps seront guéris.

I. <u>Le prix du pardon</u>

Je vais vous parlez d'un monsieur qui nous raconte dans un de ses livres, comment la haine entra dans son cœur quand elle fut trompée et trahie par un homme. Suite à cette trahison, toute sa famille fut arrêtée et condamnée à mort. Quel privilège pour moi, écrit-elle, de savoir comment il fallait agir à l'égard de la haine qui envahissait mon cœur.

La parole de Dieu dit : « **Le sang de Jésus, son Fils, nous purifie de tout péché…. Si nous confessons nos péchés** », **Il est fidèle et juste pour nous pardonner, et pour nous purifier de toute iniquité** » (1 Jean

1 :7-9). J'ai donc apporté ma haine à Jésus et il me pardonna et me purifia par son sang.

Après la guerre le traitre de ma famille fut condamné à mort. Je lui écrivis une lettre en ces termes :

« **votre trahison a été la cause de la mort de mon père, de mon frère et de son fils. J'en ai beaucoup souffert, mais je vous ai tout pardonné, petit exemple du pardon et de l'amour de Jésus. C'est lui vit dans mon cœur, c'est pourquoi je peux vous pardonner. Jésus entrera aussi dans votre cœur et fera de vous son enfant, si vous lui confessez vos péchés. Sur la croix du calvaire, il a payé la dette de vos péchés et des miens.** »

Plus tard cet homme m'écrivit : « **J'ai prié : Jésus, si tu peux mettre dans le cœur de l'un de tes disciples un tel amour pour son ennemi, alors il y a un espoir pour moi. Je lui ai vraiment confessé mes péchés. Maintenant je sais que je suis aussi un enfant de Dieu purifié par le sang de Jésus.** »

Et moi « **C'est ainsi que Jésus a pu utiliser ce monsieur pour sauver l'âme de l'homme qu'il avait tant haï.** » c'est par ce passage que je vous demande de me « **pardonner pour tous mes crimes. Certes, comme moi vous n'avez pas la force de le faire, mais c'est Jésus qui l'a, cette force. Si nous ne voulons pas pardonner, nous ne serons pas pardonnés nous-même.** »

Il n'y a rien d'aussi beau, et en même temps, hélas, d'aussi rare que le vrai pardon.

Ce témoignage nous révèle la réalité et la puissance du pardon. Toutes ces personnes méritent sans aucun doute notre admiration. D'autre part nous devons reconnaitre, à notre confusion, qu'elles réalisent quelque chose que peu de personnes connaissent vraiment : **la beauté et la puissance libératrice du pardon.** Mais cette exemple nous montrent aussi que même dans les situations les plus tragiques et les circonstances les plus douloureuses, nous pouvons pardonner. Oui, nous le pouvons, si nous le voulons !

Mais pensons surtout à l'agonie de notre Seigneur Jésus-Christ lorsqu'il était cloué sur la croix, au prix sublime qu'il a dû payer pour nous faire pardonner, Lui l'agneau de Dieu sans défaut et sans tache, saint innocent, séparé des pécheurs, le Fils de Dieu, le parfait. Il a souffert une fois pour les péchés, Lui, le juste, pour nous injustes afin de nous amener à Dieu.

N'oublions pas que la crucifixion était la plus cruelle des morts. L'histoire nous rapporte que beaucoup de criminels sont restés suspendus toute une semaine sur la croix, jusqu'à ce qu'ils meurent dans la démence.

Aucun artiste n'a osé traduire exactement la scène du calvaire comme elle a dû se dérouler en réalité.

Elle aurait été trop répulsive à nos natures sensibles. Imaginons un peu cette scène. La couronne d'épines est brutalement enfoncée sur sa tête, non avec douceur, mais brutalement. Des épines sans nombre blessent son crâne et font jaillir son sang partout, il coule de ses mains et de ses pieds cloués à la croix, de son côté percé par une lance ; et tout ce sang se répand par terre. **« Il est comme de l'eau qui s'écoule et tous ses os se séparent »**

Tous ceux qui le regardent ne voient donc que du sang. Son dos, lacéré par 39 coups de fouet ; est aussi couvert de sang. Au pied de la croix, il n'y a que du sang. Aussi n'est-il pas étonnant qu'il s'écrie, dans l'agonie de son âme : **« Mon Dieu, Mon Dieu, pourquoi m'as-tu abandonné ? »**

Oui, nous avons été rachetés à un grand prix. Seul la vie sainte et innocente de Jésus livrée en sacrifice volontaire sur la croix a pu payer le prix de notre rachat. Maintenant nos péchés sont pardonnés. Il a donné sa vie pour nous sauver la nôtre. Sa mort nous donne la vie.

Les paroles immortelles de notre sauveur à la croix : **« Père, pardonne-leur, car ils ne savent ce qu'ils font »,** ont triomphé à tout jamais de la **haine**, de **l'injustice**, et de la **violence des hommes**. Il a parfaitement et définitivement payé le prix.

Par ce passage **Princia** je te demande pardon pour tout le mal que je t'ai causé, pardonne-moi pour tous ces blessures.

Pardonnés, ne pourrions-nous pas, à notre tour, pardonner à tous ceux qui nous ont offensés, quel qu'en soit le prix ?

II. <u>La portée du pardon</u>

Nous sommes tous appelés à pardonner comme Dieu nous a pardonné en Jésus-Christ. Il est donc indispensable de saisir jusqu'où va ce pardon de Dieu et que nous les mettons en pratiques. Considérons ensemble deux aspects différentes de ce pardon

1- <u>Pardonner = Libérer</u>

Quand Dieu nous pardonne, il fait disparaitre nos péchés comme s'ils n'avaient jamais existé. « **Autant l'orient est éloigné de l'occident, autant il éloigne de nous nos transgressions ».** Si, en pardonnant, nous considérons l'offense comme si elle n'avait existé, nous n'aurions pas à « **tenir des comptes** » des

fautes des autres. Chaque nouvelle offense serait la première, puisque les précédentes auraient disparu. De cette manière, notre pardon serait aussi illimité que le pardon de Dieu à notre égard.

2- <u>Pardonner = Réconcilier</u>

Réconcilier c'est l'action de se remettre d'accord des personnes fâchées, où faire revenir sur une opinion défavorable.

C'est l'homme, et non Dieu, qui avait besoin d'être réconcilié. Le péché n'a jamais atténué l'amour de Dieu ou changé cet amour en haine.

Quand Dieu pardonne, son but est avant tout de rétablir la communion rompue par le péché de l'homme.

Nul n'a besoin de quémander le pardon, car la nature même de Dieu est de pardonner. Cependant, ce pardon ne peut être accordé à moins qu'il n'y ait une sincère repentance de notre part.

Se repentir c'est donc non seulement désirer que son passé soit pardonné, mais aussi vouloir que sa propre vie soit désormais entièrement transformée et consacrée à Dieu.

Quand Dieu pardonne, il fait disparaitre nos péchés comme s'ils n'avaient jamais existé. Tout ça pour dire lorsque nous pardonnons oublions le et ne revenant plus sur ce sujet car Dieu ne l'a pas fait pour nous et nous devons aussi le faire sans avoir des regrets ou de revenir au passer.

III. <u>Le pardon libère de la culpabilité</u>

Quand je réponse à ma philosophie « **si tu aimes quelque chose, fais-le, et si tu désires une chose, ne t'en prives pas !** »

Ce fut la soif d'une vie de débauche et d'aventures ma conduit finalement à la déroute totale : l'envie d'argent, fraude fiscale. A 23 ans alors ma carrière était florissante, il fut arrêté, tout simplement à cause de mes erreurs et enfermé en prison. Tout était perdu. Ma dignité à la famille, et aux proches.

Les murs de la prison étaient sales et dégoutants, la cellule sombre et humide. Parfois le bruit des serrures dans le corridor rompait ce silence, et l'on entendait les cris d'un prisonnier hurlant jusqu'à la folie avant d'être précipité dans la cellule.

Dépouillé de tout et abandonné de tous, je me sentais comme enterré vivant dans une fosse puante.

Un jours, accablé de douleur et de chagrin, je me mis à genoux sur le sol froid. Comme un enfant, je sanglotai au fond du cœur en demandons pardon et avoir une autre chance, une seule, en pleurons.

Dès lors la prison n'était plus un lieu de solitude et de désespoir. Le désir même de s'en aller m'avait quitté. « **Jamais je ne me suis senti aussi libre et aussi heureux. Je remercie le Seigneur de tout cœur de m'avoir amené jusqu'en ce lieu sordide pour comprendre la vie que je menais ce n'était pas ma vie.** »

Une semaine après je suis sorti de prison. Le gouvernement venait de faire grâce. J'étais libre et je pouvais retrouver ma famille, ma fiancée et les autres qui était tous triste.

Comment j'ai pu expérimenter une telle libération de ma culpabilité ? Il n'y a qu'une réponse : « **Le pardon ! J'ai réclamé sincèrement le pardon de Dieu et lui remit toute ma vie, il m'a écouté à l'instant il a apaisé le cœur du plainant qui était déjà à ce que je reste en prison. Mais il était bon pour moi que mon dossier revient au main d'un enquêteur formidable, qui m'appris comme son fils et m'a aidé en réconfortant ma maman et ma petite amie, de ne pas baisser les bras ainsi que le soutien de mon frère, Mon enquêteur a réussi à convaincre le plainant à abandonner ses charges qui pesais contre et qu'on trouve un terrain d'entente pour ma libération.** »

1-   La culpabilité et l'orgueil

Pourquoi ce fréquent manque d'enthousiasme ?

Il faudrait d'abord reconnaitre que nous sommes tous coupables.

Or, on le voit pas, il n'y a rien de plus difficile que d'admettre qu'il n'y a rien de bon en nous et nous somme incapable de faire le bien. Notre orgueil nous empêche. Nous cherchons à tout faire nous-même et nous égarons dans nos problèmes jusqu'à ce que la situation devienne inextricable.

2-   La culpabilité et le manque de sincérité

Mais sommes-nous toujours assez sincères pour être libéré de la culpabilité ? Une confession superficielle ne suffit pas. Nous prétendons bien que nous regrettons ce que nous avons fait, mais nos actions contredisent nos paroles. On se dit qu'on le fera plus, on continue de le faire, et c'est tout moi je sors d'une situation et je prends l'engagement de ne plus le faire mais je retombe encore. Ce qui manque à une telle confession c'est l'abandon complet de notre volonté, volonté pour faire celle de Dieu.

3-   <u>La culpabilité et la résistance</u>

Qu'aurions-nous pensé du fils prodigue s'il avait seulement regretté ses fautes sans jamais revenir vers son père pour lui demander pardon ?

Or, de nos jours, beaucoup de gens prennent cette attitude, et de ce fait, sont malheureux. Ils regrettent amèrement leurs fautes et se lamentent sans cesse de leur culpabilité, mais ils rejettent le pardon de Dieu. Judas était un des ceux-là. Il regretta sa trahison, en essayant de rendre les 30 pièces d'argent.

Mais cette restitution ne l'a pas libéré, et sa culpabilité le conduisit au suicide.

Les psychiatres nous affirment qu'une culpabilité non résolue produit des sentiments d'autodestruction, que ce soit par le suicide ou par l'alcoolisme ou la drogue.

Nous penserons peut-être que nous ne méritons plus le pardon, que nos péchés sont trop affreux pour qu'il nous accepte encore. Les paroles de Jésus sur la croix : « **père, pardonne-leur, car ils ne savent ce qu'ils font.** » Nous pensons que Dieu ne veut pas nous pardonne, alors qu'en vérité c'est nous qui refusons son pardon.

4-   <u>La culpabilité et le doute</u>

Imaginons le fils prodigue venir à son père et dire : « **père, j'ai péché, pardonne-moi !** » sans attendre sa réponse, il répète encore : « **père, j'ai péché, pardonne-moi !** » et cela chaque jour, n'acceptant jamais le pardon de son père ; alors que celui-ci lui avait déjà pardonné d'emblée.

Selon la promesse du Seigneur, nous pouvons et nous devons croire avec assurance qu'au moment où nous confessons et abandonnons un péché, Dieu nous pardonne instantanément. Ce péché n'existe désormais plus à ses yeux. « **Si nous confessons nos péchés, il est fidèle et juste pour les pardonner et pour nous purifier de toute iniquité** »

Dans le plan de Dieu, le message du « pardon » est destiné à changer l'humanité.

1- **Le pardon transforme nos prières**

« Voici donc comment vous devez prier : Notre père qui es aux cieux ! Que ton nom soit sanctifié, que ton règne vienne, que ta volonté soit faite sur la terre comme au ciel. Donne-nous aujourd'hui notre pain quotidien ; pardonne-nous nos offenses, comme nous pardonnons à ceux qui nous ont offensés ; ne nous induis pas en tentation, mais délivre nous du malin. Car c'est à toi qu'appartiennent, dans tous les siècles, le règne, la puissance et la gloire. Amen ! Si nous pardonnons aux autres leurs offenses, notre père céleste nous pardonnera aussi ; mais si nous ne pardonnons pas aux autres, notre père ne nous pardonnera pas non plus nos offenses »

Le seul prier que Jésus fait sur la prière est d'insister sur la nécessité absolue du pardon. Vous remarquerez qu'Il n'a pas dit : « **Père, aide-nous à pardonner aux autres, comme tu nous as pardonné** », mais plutôt : « **Père pardonne nous nos offenses, comme nous pardonnons à ceux qui nous ont offensés.** » Le message est clair et direct.

Dans cette prière que nous formulons souvent, avons-nous bien réalisé ce que nous disons ? Si nous n'avons pas pardonné, c'est comme si nous disons à Dieu : « Père, ne me pardonne pas ! Pardonne-moi seulement dans la mesure où je pardonne aux autres. » Si tel est votre cas, vous ne pourrez obtenir de victoire tant que vous ne vous serez pas pardonné vous-même. Et pourquoi n'êtes-vous pas pardonné ? Lorsque nous commençons à pardonner, notre vie de prière change. La prière devient une source de joie et de victoire.

2- <u>Le pardon transforme nos relations avec les autres</u>

« Pierre s'approcha du Seigneur et dit : combien de fois pardonnerai-je à mon frère, lorsqu'il péchera contre moi ? Sera-ce jusqu'à sept fois ? Et Jésus lui dit : je ne te dis pas jusqu'à sept fois, mais jusqu'à soixante-dix fois »

Si nous prenons une journée de 16 heures d'activité, en pardonnant 490 fois, cela fait une moyenne de 30 fois par heure ou 1 fois toutes les deux minutes. Autrement dit notre pardon doit être constant et illimité. Il est clairement dit que le pardon est la clé de nos relations avec les autres, car sans cela toute communication devient impossible. Seul le pardon rétablira, transformera et améliorera nos relations. Nous n'avons donc pas le choix : **on demande de pardonner, pardonner, pardonner**

3- <u>Le pardon transforme notre foi</u>

« Tout ce que nous demanderons en priant, croyant le que nous l'avons reçu, et nous le verrons s'accomplir. Et, lorsque nous somme debout faisant la prière, si nous avons quelque chose contre une personne, pardonnons, afin que notre père qui est dans les cieux nous pardonne aussi nos offenses.

Mais, si nous ne pardonnons pas, notre père qui est dans les cieux ne nous pardonnera pas non plus nos offenses »

Nous nous demandons souvent si notre foi est assez grande pour que Dieu agisse, et nous prions pour que Dieu l'augmente. Le problème est plutôt une question l'obstacles qui empêchent notre foi d'agir.

Quel est donc l'obstacle qui empêche cette foi d'agir ? **« Si vous avez quelque chose contre quelqu'un... »** : il s'agit du non pardon. Le ressentiment paralysera votre foi, tandis que le pardon libera.

C'est pourquoi nous devons constamment veiller à ne pas nourrir en nous la moindre rancune ou amertume contre qui que soit. Avez-vous quelque chose contre quelqu'un ? Entretenez-vous un esprit de vengeance ? Ne vous étonnez donc pas si votre foi est incapable d'agir.

V. <u>Le pardon entre époux</u>

Se pardonner les uns les autres commencent dans la famille, car c'est là que la semence de l'amertume, de la haine est insidieusement semée dans nos cœurs, dès la plus tendre enfance. La famille est en quelque sorte un « **centre d'apprentissage** »

Savez-vous que la majorité des problèmes de communautés proviennent des problèmes de famille ? Lorsque les problèmes de famille sont résolus, les problèmes de communauté le sont également. La personne ayant appris à pardonner dans sa famille sera aussi prête à pardonner à son entourage.

Le mari doit apprendre à pardonner à sa femme et la femme doit apprendre à pardonner à son mari. Pour certains, il leur est malheureusement plus facile de pardonner aux gens de l'extérieur qu'aux membres de leur propre famille. Les époux doivent savoir que sans l'esprit de pardon mutuel, il est impossible de vivre ensemble. Oh ! que de foyers auraient pu être sauvés si seulement les époux avaient appris à se pardonner. Le pardon est en quelque sorte la « **respiration** » d'un couple, sans lui c'est l'asphyxie et la mort.

1- <u>Le mari doit donner l'exemple</u>

Si vous êtes prêts à pardonner à votre conjoint, vous-vous trouvez cependant devant un dilemme ; c'est la question : qui doit demander pardon le premier ? Vous répondrez peut-être : « **Voyons, c'est simple. C'est celui a tort.** » Oui, d'accord, mais qui a tort, car personne ne veut avoir tort. Même quand vous avez tort vous voulez quand même avoir raison, avouez-le. Cela est bien trop souvent le cas. C'est ainsi que vous resterez sur vos positions, attendant toujours que l'autre fasse le premier pas, et personne ne bouge puisque chacun est convaincu qu'il a raison. Je prends le cas de mes parents dans leurs foyers.

Cela peut durer des jours, des mois et des années. Comment sortir de cette impasse ?

Qui doit donc demander pardon le premier ? Même la bible est claire et précise à ce sujet : **c'est le mari.**

Nous connaissons tous l'histoire du premier couple que Dieu a créé. Avez-vous remarqué à qui l'Eternel Dieu a fait ses premiers reproches lorsqu'Adam et Eve ont péché ? Dieu s'est d'abord adressé à Adam et pourtant c'était Eve qui avait péché la première. Logiquement c'était donc à elle que Dieu aurait dû s'adresser. Ce ne fut pas le cas. Pourquoi cela ? Aux yeux de Dieu Adam était le premier responsable du couple. Eve avait aussi sa responsabilité, mais Adam était le premier responsable. C'est pourquoi, Dieu le reprend en premier. Ne pas aller loin de ce passage « **le mari est le chef de la femme** » certains maris

pensent que ce passage veut dire qu'ils sont les : « **patrons où les commandants** » ne donnant que des ordres à leurs épouses. Certains dise : « **c'est moi qui commande ici ; tu n'as rien à dire ; obéis un point c'est tout** ». Et ces hommes sont étonnés d'avoir une femme rancunière, rebelle et dépressive.

Que veut donc dire l'expression : « **le mari est le chef de la femme ? »** Le mot chef a deux sens précis

-        **Un chef c'est celui qui est responsable**

-        **Un chef c'est quelqu'un qui donne l'exemple**

Le mari doit savoir qu'il est le premier responsable lorsque quelque chose ne va pas dans le foyer. Etant le principal responsable, il doit faire tout ce qui est en son pouvoir pour régler tout problème avant le coucher du soleil.

C'est donc chaque jour que les problèmes doivent être réglés. « **Ephésiens 4 : 26-27** » nous le confirme. La désobéissance à ce principe est certainement la source de beaucoup de maux dans la vie de couple.

Et comment le mari doit-il assumer ses responsabilités ? Est-ce dans un esprit autoritaire ? Certes non ! **Mais en donnant l'exemple**. Nous avons vu qu'un vrai chef est avant tout quelqu'un qui donne l'exemple. Si vous voulez que votre épouse vous demande pardon, vous devez d'abord apprendre à la demander pardon.

Vous le savez comme moi qu'il y a des maris qui n'ont jamais demandé pardon à leurs épouses, et ils s'étonnent d'avoir de la peine à s'entendre avec elles. « **C'est de mon père qui n'a pas pu tenir son couple à cause du manque de pardon.** » L'orgueil de mon père était trop fort, il n'a jamais demandé pardon à ma mère, jamais-jamais et la chose que je me suis toujours dit comment réussira à sauver son foyer s'il ne se rabaisse pas en demandant pardon à sa femme qui était ma mère. Parfois je me demandais mon père n'a jamais fait quelque chose de mal ? Soit il est saint comme Dieu !

Est-ce étonnant qu'avec une telle attitude du pardon que mon père a détruit son foyer sans se rendre compte.

Encore aujourd'hui, beaucoup des maris pensent et agissent malheureusement de la même façon. Quel est donc la raison profonde qui pousse à une telle attitude ? Ils pensent qu'en demandant pardon à leur femme, ils perdront leur autorité. Ecoutez bien, chers maris, si vous n'avez jamais demandé pardon à votre femme, vous avez déjà perdu votre autorité. « **C'est pour cela votre épouse se rebelle, car vous êtes un hypocrite et non un exemple** ». Si vous exigez d'elle quelque chose que vous ne pratiquez pas vous-même, vous êtes un hypocrite.

Oui, le mari est le principal responsable. Il exerce son autorité en donnant l'exemple. Une autorité basée sur la responsabilité et l'exemple du mari sera toujours acceptée et appréciée par l'épouse.

2- <u>Avoir raison, et quand même demander pardon</u>

Prenons un exemple concret de tous les jours. Supposez que le mari ait raison et que la femme ait tort. Quelle sera l'attitude du mari dans une telle situation ? Va-t-il profiter de cet avantage pour justifier sa position et attendre que sa femme fasse le premier pas ? Dans de telles circonstances, le mari doit se rappeler qu'il a pu, lui aussi, faire de la peine à sa femme, peut-être sans s'en rendre compte. Seul un esprit d'humilité et de pardon peut rétablir la situation. Avec tact et compassion, il pourra aborder son épouse en lui disant **: « Chérie, si j'ai fait quelque chose qui t'a fait de la peine, je t'en demande sincèrement pardon. »** Que se passera-t-il alors ? Un tel comportement, dépourvu de toute condamnation, touchera profondément son cœur. En général l'épouse réagira de la manière

suivante : **« Non, non, non, ce n'est pas toi qui dois me demander pardon, c'est moi. »** Et c'est ainsi, par l'exemple du mari, que la paix se rétablira dans le foyer.

Oh ! si tous les couples agissaient ainsi chaque jour, on verrait des merveilles dans les relations entre époux.

3- <u>La femme doit aider son mari</u>

Après de telle paroles, les épouses pourraient avoir tendance à rejeter toute responsabilité sur leur mari. Il est vrai que le mari a une grande part de responsabilité, comme nous venons de le voir, mais l'épouse ne doit pas oublier que devant Dieu et la loi elle a une responsabilité précise à l'égard de son mari. Quel est donc sa responsabilité ?

« Il n'est pas bon que l'homme soit seul. Je lui ferai une aide qui lui corresponde » l'épouse a donc pour mission non de condamner son mari, mais de l'aider, de le compléter, de le secourir afin que le mari puisse accomplir fidèlement sa tache tant personnelle que familiale. Le mari a besoin de cette aide et doit la désirer, sinon l'épouse ne pourra se donner entièrement à lui pour l'aider.

Si vous savez que votre mari a de la peine dans tel domaine, votre devoir n'est pas d'attendre, mais d'agir en l'aidant à remporter des victoires sur ses points faibles. Votre rôle n'est pas de le condamner ou de critiquer, mais de l'aider et de secourir. S'il a de la peine à vous demander pardon, aidez-le en demandant pardon vous-même. C'est ainsi que vous le libérerez et que vous serez vraiment une aide et une source de bénédictions pour lui. Il l'appréciera énormément et vous en sera très reconnaissant.

Un exemple remarquable vous aidera à saisir cette précieuse vérité. Un pasteur était handicapé par un problème : c'était la colère. Il avait hérité cela de son père. Après son mariage, son problème de plus était aggravé, peut-être parce que qu'une personne de plus était là pour le condamner. Il avait prié et jeuné pour en être délivré, mais sans succès. Un jour, Dieu parla à sa femme à ce sujet. Alors, s'approchant de son mari, elle lui dit : « **pardonne-moi pour l'amertume que j'ai eue dans mon cœur à cause de tes accès de colère. Dorénavant il n'en sera plus question. Je te pardonne tous tes accès de colère.** » Savez-vous ce qui s'est passé ? Cet homme fut instantanément libéré de sa colère. Plus jamais il n'eut de problèmes dans ce domaine-là.

L'esprit de pardon mutuel enrichira et affermira l'amour entre les époux. Plus ils se pardonnerons, plus ils s'aimeront.

VI. <u>**Le pardon des parents aux enfants**</u>

Nous avons vu que le pardon commence dans la famille et que le mari doit être le premier à donner l'exemple. Le couple doit aussi savoir qu'il a la responsabilité de donner l'exemple du pardon à ses enfants.

Il existe malheureusement des parents qui n'ont jamais demandé pardon à leurs enfants, pas une seule fois. Il n'est, dès lors, pas étonnant que beaucoup de parents se plaignent d'avoir des enfants rancuniers qui demande jamais pardon. La triste réalité est que les enfants n'ont jamais eu d'exemple à la maison. N'oublions jamais qu'il vaut mieux leur donner un bon exemple que beaucoup de conseils.

Vous avez reçu des enfants pour faire non seulement leur éducation, mais la vôtre. Les enfants vous observent et ont un sens de la justice très prononcé. Lorsque vous vous agissez mal à leur égard, ils sont blessés et, à moins d'une réparation de votre part, leur cœur se remplira d'amertume. Ils en souffriront et, tôt ou tard, ils se dresserons contre vous.

La plupart des problèmes commencent au foyer. C'est aux parents de comprendre que seul l'esprit de pardon gardera la famille unie. L'absence de cet esprit engendrera tensions, frictions, rébellion et haine.

En connaissant de cause, il est possible de pardonner jusqu'à soixante-dix fois sept fois. Il veut vous réaliser que vous ne pouvez vivre avec vos enfants un seul jour sans pardonner. Au vrai sens du terme, pardonner c'est réellement vivre, et vivre c'est constamment c'est pardonner.

Comment les parents peuvent-ils exiger que leurs enfants viennent leurs demander pardon, alors qu'ils ne l'ont jamais fait eux-mêmes ? Les enfants ressentent alors l'hypocrisie de leurs parents, et commencent à manifester des signes de rébellion. L'hypocrisie des parents est quelque chose que l'enfant ne peut supporter.

Il est vrai que c'est humiliant de demander pardon à son enfant, mais c'est la seule attitude qui te touchera et libèrera de toute amertume. L'enfant respectera encore d'avantage ses parents et le dialogue sera maintenant tenu entre eux. Combien de fois nos parents nous en demander pardon de nous avoir fait de la peine pour leurs paroles où leurs actes. L'enfant est toujours prêt à accorder le pardon, car il aime ses parents et souffre d'une telle situation.

Parents, la clé du problème est entre vos mains ! Vous avez la responsabilité. Avez-vous fait votre part avant d'exiger que vos enfants fassent la leur ? Vous êtes-vous demandé pourquoi vos enfants sont rebelles ? Ils ont peut-être tort dans certains domaines, mais vous, êtes-vous sans reproches ? Si vous n'avez rien à vous reprocher, peut-être qu'eux ont quelque chose à vous reprocher dont vous n'êtes pas conscient.

Un enfant accepté par ses parents se sentira en sécurité et sera donc plus obéissant. Plus il se sentira accepté, moins il sera nécessaire de le discipliner.

L'esprit de pardon dont les parents font preuve resserrera les liens de la famille et permettra un dialogue franc et harmonieux entre parents et enfants.

 <u>Le pardon des enfants aux parents</u>

Toutefois, nous devons être conscients que les résultats ne sont pas toujours aussi instantanés encourageants. Les nouvelles dispositions des jeunes ne sont pas toujours appréciées par leurs parents. Il faudra parfois du temps pour guérir certaines blessures. Peut-être faudra-t-il d'abord prouver par des actes le changement qui s'est opéré : « **laver la vaisselle, sortir les poubelles, ranger la chambre et être aimable avec chacun, toutes ces actions produiront plus d'effets que des paroles.** »

L'expérience montre qu'un tel comportement de la part des jeunes a souvent amené des changements dans la vie de leurs parents. Toutefois, il est bon que les jeunes réalisent que les parents aussi ne seront jamais parfaits. S'ils attentent la perfection d'eux, ils seront déçus. Les parents ont leurs points faibles aussi bien que leurs points forts. Les jeunes doivent apprendre à tolérer les échecs de leurs parents.

Il est vrai que ces échecs produisent parfois des blessures douloureuses dans le cœur des jeunes. Et les origines de ces blessures peuvent remonter jusqu'à la tendre enfance. Cependant, nul n'a besoin d'en rester la victime toute sa vie. C'est en pardonnant de tout leur cœur les fautes de leurs parents que les jeunes trouveront la guérison.

Incapable de répondre à mes désirent, j'approuvais de la crainte et du ressentiment quand je commettais. « **Cependant j'ai commencé à détesté tout le monde, je me suis même éloigner de mes proches, rien ne changeait dans mon attitude.** » j'ai eu à passer des moments douloureux, j'ai même à échanger des paroles avec ma mère jusqu'à ce que je quitte la maison. Quand j'ai essayé de le cacher en moi petit à petit l'amertume s'étaient enracinées en moi, jusqu'à ce que je ressente une répulsion à l'égard de tous les femmes, y compris ma mère. « **De plus, je me sentais coupable parce que je haïssais ma propre mère, ma copine et mon entourage.** » Mais je cherchais à refouler cette haine et ma culpabilité en évitant d'en parler.

Après réflexion j'ai accepté le pardon rentré en moi et avec l'aide de Dieu j'ai été capable de pardonner à ma mère et oublier tout ce qu'elle m'avait dit, la crainte et l'amertume que j'avais à l'égard de ma copine et mes proches disparurent. J'ai été enfin libre de répondre à son amour maternelle.

Oui, lorsque nous pardonnons, nous expérimentons la libération et la guérison du seigneur dans nos vies. Pardonnons à nos parents et nous serons enfin libres d'aimer ceux qui nous sont chers.

« Honore ton père et ta mère afin que tu sois heureux et que tu vives longtemps sur la terre »

Chers jeunes, c'est en pardonnant à vos parents que vous les honorerez le plus. Les fruits de ce pardon produiront dans votre vie la joie, liberté et victoire.

VIII. <u>Le pardon et le foyers brisés</u>

Que feriez-vous si votre mari vous disait un jour : « **Je ne t'aime plus** » Aujourd'hui, nul ne l'ignore, la famille est la cible numéro un de l'ennemi. Des milliers de foyers sont brisés, et il n'en reste que

« **solitude, amertume, haine, rébellion, vengeance et meurtre** ». Les conséquences tragiques sont incalculables aussi bien pour les époux eux-mêmes que pour des enfants.

Comment réagir dans de telles circonstances ? Qu'y aurait-il de plus naturel que de vous révolter quand un être bien-aimé vous trahit où vous abandonne ? Mais est-ce vraiment la bonne réaction ? A la douleur de la séparation, voulez-vous maintenant ajouter celle que vous vous infligez vous-même ? Dans une telle situation, comment ignorer cette vérité capitale : **celui qui ne pardonne pas sera toujours celui qui en souffrira le plus !** Certes, vous avez souffert par la faute du partenaire, mais n'oubliez pas que votre propre ressentiment vous fera souffrir encore bien davantage. Vous n'êtes pas maitre des actions des autres, mais vous pouvez contrôler vos réactions. Si on vous juge négativement, vous pouvez réagir positivement. Vous n'êtes pas esclave de ce les autres pensent ou disent de vous.

Avez-vous constaté que, dans certaines vies, les mêmes circonstances produisent des effets différents ? Les uns se révoltent et s'éloignent, les autres pardonnent et sentent le besoin de se rapprocher de Lui.

IX. <u>Le pardon, une décision</u>

L'ignorance de cette vérité est la cause de beaucoup de confusion et de souffrances. Le pardon n'est pas une émotion, mais une décision. Le pardon n'est pas un sentiment, mais un « **acte de notre volonté.** » A nous donc le vouloir, et à Dieu le pouvoir.

L'expérience suivante nous aidera à saisir cette vérité. Une jeune femme vint un jour voir un serviteur de Dieu en lui disant : « **J'ai besoin de libération. Voulez-vous m'aider ?** » Au cour de l'entretien le serviteur de Dieu lui demanda : « **Haïssez-vous quelqu'un** » Elle le regarda un instant et lui dit froidement : « **Je hais mon mari** » le serviteur de Dieu reprit : « **si vous voulez expérimenter une libération, vous devez tout d'abord pardonner à votre mari** »la femme répondit « **Je ne peux pas, il m'a abandonné avec trois enfants. Je le hais.** » Mais le serviteur de Dieu insista : « **si vous voulez être pardonné vous devez aussi lui pardonner.** » Alors elle hurla : « **Je ne veux pas, après tout ce qu'il m'a fait !** » « **Maintenant vous venez de dire la vérité, reprit le serviteur de Dieu ; vous avez dit : ' Je ne veux pas pardonner à mon mari ! '** » Il lui expliqua qu'elle avait pris la décision de ne pas pardonner, ayant été blessé et pensant avoir le droit de garder ce ressentiment. « Comme vous avez décidé ne pas vouloir lui pardonner, vous pouvez maintenant aussi vous décider à vouloir lui pardonner. C'est un acte de votre volonté. » Ce n'était pas facile pour elle, mais elle prit cette décision de pardonner à son mari et reçut une merveilleuse délivrance.

Nous ne pouvons contrôler nos émotions, mais nous pouvons contrôler nos décisions. Beaucoup des gens, vivent encore au niveau de leurs émotions ou leurs sentiments.

Nous devons apprendre à ne pas laisser dominer par nos émotions, dans nos vies. Cette vérité s'applique particulièrement au pardon.

Sur la croix, Jésus décida de pardonner. Il n'agissait pas sous l'impulsion de ses sentiments, mais sur la base de son obéissance au Père. Il a appris l'obéissance par les choses qu'Il a souffertes.

N'attendez donc pas de sentir quelque chose pour pardonner, vous devez vous décidez à le faire.

Le pardon nous coute toujours quelque chose. C'est un acte de notre volonté et une confession de nos lèvres. Vous décidez le pardon, vous le confessez et l'affaire est terminée.

Lorsque vous pardonnez, nommez les personnes concernées prenez et dites : « **Seigneur, je pardonne à mon père, à ma mère, à mes oncles, à mes tantes, à ma sœur Ausiace, à ma femme, à mes amis, à mes collègues** » etc. soyez précis.

Ne revenez pas sur votre décision en doutant de vos précédentes prières. Si la tentation vient, dites : « **Seigneur, tel jour, à telle heure, j'ai pardonner et je n'en parlerai plus jamais.** »

Que faire si vous ressentez encore de l'amertume ? Priez pour cette personne, car vous ne pouvez avoir du ressentiment contre quelqu'un pour qui vous priez. En priant, l'Esprit de Dieu, qui est un esprit de pardon, remplira votre cœur d'amour et de miséricorde et en chassera toute amertume.

Rappelez-vous donc que vous pouvez *décider* de pardonner. Une fois la bonne décision prise, le Saint Esprit influencera aussi vos sentiments. Mais si vous attendez de bons sentiments pour prendre une décision, vous n'en prendrez jamais. Mettez de côté vos sentiments et décidez de pardonner.

X. <u>Comment pardonner</u>

« Je pardonne, mais je n'oublie pas ! » voilà une expression que nous dite nous-mêmes. C'est une caricature du pardon, un pardon superficiel.

Nombreux sont ceux qui disent qu'ils ont pardonné, mais tout leur comportement prouve le contraire. Un tel pardon laisse le cœur dans son amertume et sa rancune. N'oublions donc pas qu'il est aussi grave de mal pardonner que de ne pas pardonner du tout. On peut avoir le pardon sur les lèvres sans l'avoir dans notre cœur.

Nous sommes appelés à pardonner comme Jésus-Christ nous a pardonné.

1- Demander pardon dans un bon esprit

Avant d'aller trouver votre personne que vous avez fait du tort, il vous faut veiller à l'esprit dans lequel vous allez demander la réconciliation. Vous serez exigeant envers vous-même, sans essayer de vous blanchir. Vous savez que vous avez tort, acceptez-en en tout le blâme. N'essayez pas d'expliquer pourquoi les choses en sont arrivées là. Reconnaissez vos fautes et soyez rempli d'amour.

Ne ressemblez pas à ceux qui viennent vous demander pardon, mais qui vous laissent en définitive l'impression que c'est vous qui êtes en faute. Le ton de leur voix, leurs attitudes vous font sentir que vous n'étiez pas aussi hypersensibles, vous n'auriez pas réagi comme vous l'avez fait. Veillez donc à votre attitude et ne faites pas croire à votre frère qu'il est aussi fautif.

-      A mon père, ma mère, mes frères et sœurs, aux serviteurs de Dieu, a vous mes collègues, conscient de mes actes je vous prie de me pardonner, accordé moi votre pardon, blâmer moi, dite tout ce que vous de dire si c'est les insultes ou autres dite le mais perdre votre amour je ne pourrais pas, je veux me réconcilier avec vous je vous prie de me pardonner.

2- Savoir pardonner en cherchant à comprendre

Nous pardonnerons beaucoup plus facilement si nous cherchons à comprendre les raisons qui ont motivé certains actes. Il y'a toujours une raison, et si nous le connaissons, nous agirons différemment à l'égard de notre prochain.

Une personne qui semble exigeante et accaparante ayant tendance à exploiter les autres, cherche peut- être désespérément de l'affection et de la compréhension. De même une personne semblant manquer de générosité aura, elle aussi ses raisons pour se comporter ainsi.

- Par ce passage de ce livre, je vous prie de me tous me pardonner, je suis un mauvais fils, un mauvais frère, un mauvais fidèle, un mauvais petit ami, un mauvais copain, je viens devons vous avec tous mes fautes que vous pitié de moi comme Jésus l'a eu pour nous en nous pardonnons, moi je vous es causés du tort, je vous es mis dans les difficulté ayez pitié pardonner moi

3- Savoir pardonner en cherchant à oublier

Nous pardonnerons beaucoup plus facilement si nous cherchons à comprendre les raisons qui ont motivé certains actes. Il y a toujours une raison, et si nous la connaissons, nous agirons différemment à l'égard des autres.

Une personne qui semble exigeante et accaparante, ayant tendance à exploiter les autres, cherche peut-être désespérément de l'affection et de la compréhension.

De même une personne semblant manquer de générosité aura, elle aussi, ses raisons pour se comporter ainsi.

Dans mon pays le Congo Brazzaville je connais un monsieur très capable. Cependant, les gens lui en voulaient, car il avait la réputation d'être avare. Le jour de son ensevelissement, une douzaine des gens virent arrivés. Tous étaient docteur, spécialistes, mais issus de familles pauvres. Les frais de leurs études universitaires avaient été par ce monsieur décédé, sans mot dire à qui que soit. Lorsque les gens du quartier apprirent cela, ils comprirent pourquoi le monsieur avait été si avare. Et ils lui pardonnèrent de bon cœur.

Il en est de même pour nous. Si nous comprenions les motifs de certains actes, nous pardonnerions plus facilement.

4- Savoir pardonner en cherchant à oublier

Pour pardonner vraiment, apprenons à oublier. C'est bizarre ; notre mémoire a la mauvaise habitude de se rappeler ce qu'il faudrait oublier et d'oublier ce qu'il faudrait retenir.

Lorsque quelqu'un nous fait du mal, nous disons souvent, à tort : « **Je n'oublierai jamais ce qu'il m'a fait !** » Nous ruminons sur ces choses et de ce fait, le mal s'incruste et s'aggrave. Ne faisons jamais de telles déclarations ! ne permettons pas à nos pensées de ruminer ces problèmes.

Une précision, oublier n'est pas « avoir un blanc », une sorte d'amnésie qui efface notre passé. Une expérience douloureuse peut nous revenir en mémoire, mais elle ne nous fait plus mal ; nous ne la revivons plus. Le pardon en a ôté l'aiguillon et nous pouvons en souvenir sans ressentir de l'amertume ou de la rancune. Nous sommes libérés de notre passé !

5-   Savoir pardonner immédiatement

Apprenons à pardonner d'emblée, avant que le mal ne s'aggrave. Et pardonnons avant qu'on vienne nous demander pardon.

Suivons l'exemple de **Jésus** mes amis. Alors que ses ennemis étaient en train de le crucifier, il priait :

« **Père, pardonne-leur.** » un pardon immédiat, un pardon que nul ne méritait et qui pourtant est accordé si généreusement. C'est ainsi que Christ a offert son pardon, avant même que l'homme ne lui demande.

6-   Savoir pardonner continuellement

Le Seigneur demande de pardonner soixante-dix fois sept fois. Notre pardon doit donc être un pardon sans mesure. Etant nous-mêmes au bénéfices d'un pardon continuel de la part de Dieu, nous devons o notre tour pardonner sans cesse.

Mais comment ? En réalisant que pour un pardon complet, nous devons considérer notre frère comme s'il ne nous avait jamais rein fait du mal. De cette façon, chaque nouvelle offense sera la première, et notre pardon aussi illimité que le pardon de Dieu.

7-   Savoir pardonner définitivement

Pardonnons et ne revenons plus sur ce qui a été pardonné ! Hélas, combien de fois nous semblons vouloir pardonner, mais continuons à faire des reproches.

« Je ne me souviendrai plus de leurs péchés. » Voilà comment **Dieu** nous pardonne. A notre tour, pardonnons définitivement et considérons désormais la personne fautive comme si elle n'avait jamais péché contre nous.

Veillons donc à ce que notre pardon soit totalement désintéressé et offert sans conditions.

8-   Savoir pardonner en priant

Rappelons-nous que c'est en priant pour ses ennemis que Jésus a pardonné sur la croix. A notre tour, prions nous aussi pour ceux qui nous font du mal, et cela pour plusieurs raisons :

-    En priant, nous ne pourrons critiquer la personne pour lequel nous intercédons.

-    En priant, nous recevrons de Dieu la force de pardonner, car c'est dans la prière que notre esprit de pardon sera renouvelé.

-    En priant, nous améliorerons la communion les uns avec les autres.

-    En priant, nous apprendrons à renoncer à nos droits et à désister davantage la bénédiction de ceux qui nous ont fait du mal.

-    En priant, nous serons réellement libérés de toute amertume, capable d'apporter la libération et le pardon aux autres.

XI. <u>Note</u>

1-   L'humilité

« L'humilité nous préservera de l'influence néfaste du ressentiment et contribuera à l'épanouissement de nos relations. »

L'humilité est une source dans la connaissance de soi-même

Une personne humble est une personne consciente de sa propre indignité. La chose la plus humiliante dans ce monde est de se découvrir tel qu'on est. La véritable humilité apparait lorsque nous nous voyons tels que nous sommes, avec nos faiblesses, notre égoïsme et nos échecs.

L'humilité se réalisera lorsque nous comparerons notre vie avec celle de Dieu. Aussi longtemps que nous nous comparons à quelqu'un d'inferieur à nous – mêmes, nous sommes satisfaits. C'est seulement lorsque nous nous voyons face à la perfection de Jésus Christ que nous nous rendons compte de tout ce qui nous manque.

Je peux me croire être un grand érudit jusqu'au jour où je vais rencontrer une personne de plus savant que moi.

Une fille peut se croire être la plus belle que tous, jusqu'au jour où elle fera une plus belle qu'elle.

2-   La douceur

« La douceur, elle aussi, nous préservera de l'influence néfaste du ressentiment et contribuera à l'épanouissement de nos relations. »

La personne qui manifeste de la douceur est celui qui se laisse contrôler et discipliner par Dieu.

3-   La patience

« De même la patience nous préservera de l'influence néfaste du ressentiment et contribuera à l'épanouissement de nos relations. »

Une personne patient est une personne déterminée à ne jamais se laisser détourner, prêt à préserver jusqu'au bout en vue d'obtenir la récompense. La patience n'admet jamais la défaite, quelles que soient les circonstances ou les apparences, les oppositions ou les découragements. Elle persévère avec ténacité jusqu'à la fin.

Une personne patient est une personne ayant la possibilité de se venger ou de rendre la pareille, mais qui refuse de le faire. Pour être claire, je vous explique, nous pouvons prendre un bouledogue taquiné par un petit caniche, le petit caniche continue et mord le gros bouledogue. Ce dernier pourrait à tout moment anéantir le caniche d'un coup de dents, mais il supporte patiemment et dignement son insolence.

La patience est une attitude qui supporte les insultes sans se laisser gagner par la rancune. C'est l'état d'esprit qui permet de supporter, sans s'irriter, les personnes les plus désagréables.

4-   L'amour

« Pour finir, l'amour aussi nous préservera de l'influence néfaste du ressentiment et contribuera à l'épanouissement de nos relations. »

Aimer, c'est donner sans rechercher à recevoir. Aimer c'est le fait d'avoir une disposition de cœur telle que nous ressentions aucune haine, et aucun désir de nous venger, quel que soit l'opposition, mais que nous recherchions toujours le plus grand bien de tous. L'amour n'est pas uniquement une question d'émotion, mais surtout de volonté. C'est la capacité et la détermination d'aimer ceux qui nous sont désagréables et antipathiques, et ceux qui ne nous aiment pas ou qui nous méprisent.

Aimer, c'est aussi discipliner quelqu'un et ne pas le laisser faire tout ce qu'il veut. Des parents qui aiment réellement leurs enfants ne leur permettront pas toujours faire ce qu'ils veulent. Les petits enfants aiment beaucoup jouer avec des objets dangereux tels que les couteaux, les allumettes, le feu… C'est objet pourraient les blesser et les rendre infirmes si nous les laissions faire selon leurs désirs.

Nous comprenons aisément qu'en laissant une personne faire ce qu'elle veut pourrait être la pire des choses pour elle. Ce ne serait pas une manifestation d'amour de notre part, mais plutôt un acte d'inconscience.

Aimer, c'est dire la vérité. L'amour se réjouit de la vérité, l'amour et la vérité sont donc inséparables. Malheureusement beaucoup comme nous essayent de les séparer. Les uns parlent de l'amour sans la vérité et les autres disent la vérité sans amour.

L'amour sans la vérité est un amour sentimental, faible et instable qui conduit à la confusion, à la séduction. La vérité sans amour nous conduit au légalisme, à la dureté et produit en nous un esprit d'hypocrisie.

CONCLUSION

Le pardon c'est le fait de ne pas tenir rigueur d'une faute, d'une offense, pardonner c'est cesser d'entretenir à l'égard de quelqu'un de la rancune ou de l'hostilité pour ses fautes. Nous pratiquons le pardon dans nos prières de chaque jours « Notre père qui es aux cieux ! Que ton nom soit sanctifié, que ton règne vienne, que ta volonté soit faite sur la terre comme au ciel. Donne-nous aujourd'hui notre pain quotidien ; pardonne-nous nos offenses, comme nous pardonnons à ceux qui nous ont offensés ; ne nous induis pas en tentation, mais délivre nous du malin. Car c'est à toi qu'appartiennent, dans tous les siècles, le règne, la puissance et la gloire. Amen ! Si nous pardonnons aux autres leurs offenses, notre père céleste nous pardonnera aussi ; mais si nous ne pardonnons pas aux autres, notre père ne nous pardonnera pas non plus nos offenses. »

Vous remarquerez que Dieu n'a pas dit : « **Père, aide-nous à pardonner aux autres, comme tu nous as pardonné** » mais plutôt : « **Père, pardonne-nous nos offenses, comme nous pardonnons à ceux qui nous ont offensés.** » cette prière que nous formulons souvent, avons-nous bien réalisé ce que nous disons ? Si nous n'avons pas pardonné, c'est comme si nous disions à Dieu : « **Père, ne me pardonne**

pas ! Pardonne-moi seulement dans la mesure où je pardonne aux autres. » Lorsque nous commençons à pardonner, notre vie change et notre esprit de prière change aussi. La prière devient une source de joie et de victoire. Lisez le livre de « **Matthieu 18 : 21-22** » vous allez tout comprendre sur la transformation de nos relations avec les autres à cause du pardon.

- **Un nouveau départ chaque jour**

Lorsqu'on demande à un homme d'affaire quel est son secret de succès dans ces affaires, il dira simplement : « **Le seul moyens de gagner mes affaires est d'oublier mes précédentes victoires qui me rendait orgueilleux, et mes précédents échecs qui me remplit de crainte. Chaque affaire est un nouveau départ.** »

Oublier ce qui est en arrière englobe aussi nos erreurs, nos fautes et tout le mal que nous aurions pu faire aux autres.

Ce n'est pas la volonté de Dieu que quelqu'un vie constamment sous le poids écrasant de la culpabilité. Lorsque nous nous agenouillons sincèrement devant Dieu dans la repentance il nous pardonne. Si la culpabilité demeure, c'est que nous ne nous sommes pas pardonné nous-mêmes.

Jésus veut nous donner un nouveau départ chaque jour. Il renouvelle ses bontés pour nous chaque matin.

Croyons-le et louons-le de tout notre cœur.

Durel Emmanuel ETSAH

Aujourd'hui, je le dis sans le caché, je l'avoue, je reconnais tout le mal que j'ai pu causer à vos mes proches, ce livre est le fond de mes regrets les plus sincère, tant du mal que j'ai pu vous faire, j'ai été un mauvais petit fils, enfants, frères et amis ainsi que partenaire, je m'excuse de tout cœur. Mes chers parents, amis, partenaires je vous demandes tous de me pardonner, vous avez été touchés à mes actes, je suis sincèrement désolé, je sais que j'ai perdu l'estime que j'avais envers vous, cette affection, cette harmonie.

CE LIVRE EST A VOUS !

Ce livre appartient à tout personnes qui ont contribuer directement ou indirectement à ma réussite.

Le travail présenté dans ce livre n'aurait pas eu lieu sans le soutien et l'aide apportés par les personnes citées ci-dessous. Je voudrais donc leur témoigner ma gratitude et ma reconnaissance.

En premier lieu, **Adams MOUKOURI**, mon parrain. J'ai beaucoup appris à ses côtés, c'est un puits de connaissances inépuisable. Je le remercie du temps qu'il m'a consacré, pour ses critiques, pour ses propositions, mais aussi pour sa patience lors de mes débuts de l'ouvrage.

Ce livre est également à Madame **Chance DOUNIAMA ; Grace LOMBO ; Brigitte ; Miriam**, votre disponibilité, vos conseils, et le bon esprit dans lequel on a travaillé durant ces longs moments de ce livre.

Ce livre est à mes petits **Moise ETSAH & Offrayelle ETSAH**, leurs disponibilités, leurs gentillesses, et d'avoir été là pour m'aider quand j'en ai eu besoin.

Ce livre est à tous les partenaires de **STA CENTER**. J'exprime ici mon profond respect à vous d'avoir été là.

Ce livre est à vous mes amis d'enfance, de jeunesse.

Ce livre est aux personnes les plus sincères, les plus distinguées, les plus chaleureux à mes parents, mes frères et sœurs.

Ce livre est à tous les membres de ma famille, mes tantes, mes oncles, cousins et cousines.

PARDON À VOUS

- **A la communauté corps de Christ**, là où tout à commencer, je vous es beaucoup déçu je vous prie de m'excuser, pour tout le mal que j'ai pu vous causer, premièrement à mon très chers pasteur Jules NKABA, ma mère spirituelle Rachèlle ANDA, Papa Anda, le Pasteur Alida, le prophète Gloire, le prophète R4odelly et l'évangéliste Jule, je vous prie de me pardonner de tout le tort que

j'ai pu vous causer, j'ai reconnu mes erreurs

- **A mon père** : Monsieur Emmanuel ETSAH, un homme grand et fort, un papa qui a toujours était présent pour ces enfants, un ami. Monsieur ETSAH est le meilleur exemple des papas. Je vous es beaucoup déçu papa, à cause de mes erreurs vous avez perdu votre tranquillité avec la famille et votre foyer, je vous prie de me pardonner papa ;

- **A ma mère** : Madame Viviane, une femme forte, courageuse, maman tu es la meilleure de tous, tu as été toujours sensible à mes pleures, à mes douleurs, dans les problèmes tu as toujours été présente, tu m'as toujours accordé de l'intention et de l'affection, maman excuse moi je regrette vraiment, je t'aime maman ;

- **A ma petite sœur Ausiace ETSAH** : Une sœur formidable, belle, intelligente, tu me comble de bonheur, tu es une femme instruite et appréciable de tous, tu as été là quand j'avais besoin, tu as cru en moi, je te demande pardon pour tout le tort que je t'es causé, je suis désolé ma sœur ;

- **A Moise ETSAH & Offrayelle ETSAH** : Mes deux amours, je suis un grand frère heureux de vous avoirs, vous avez beaucoup soufferts, je regrette le mal que je vous es faits mes amours.

- **A NGOLO Flora** : Tu es la personne qui a beaucoup souffert, aujourd'hui si tu décides de ne plus me pardonner, je vais te comprendre, comme il est écrit au livre le pardon est un choix, tu peux le faire ou pas, moi je suis sincèrement désolé, tu es la meilleure et tu le resteras pour toujours, tu es celle qui à marquer l'histoire de ma vie, je suis désolé de t'avoir fait du tort je te demande pardon de tout cœur.

- **A toute la famille ETSAH** : Je suis triste, malheureux je vous es déçu

énormément, j'ai pas été le meilleur fils que vous avez toujours voulu voir, je mérite tout ce que vous allez me dire, car je le mérite, veillez me pardonné, je demande pardon à vous et à toute la famille, pardonner-moi ;

- **A ma tante Carine** : La plus charmantes des tantes, ma tante excuse-moi pour tous mes bêtises commises, je suis sincèrement désolé ma tante.

- **A ma maman Denise** : Maman tu es spécial, une deuxième mère à mes yeux, maman je suis désolé de tout le tort que j'ai pu causer en vous et a la famille, que toute la famille me pardonne

- **A ma grande sœur Leticia** : Une femme forte et intelligente, Yaya je vous es beaucoup déçu, je regrette énormément mon comportement je suis désolé de tout Yaya ;

- **A mon grand frère Petrov** : Un grand frère exemplaire, intelligent et fort, un homme qui se donne à fond pour le bien de sa famille, Yaya je suis désolé pour tout, je suis vraiment désolé de mon comportement je vous prie de vouloir me pardonner Yaya ;

- **A mon grand frère Pannuel** : Un grand frère bon, intelligent, Yaya je suis désolé de mon comportement à l'égard de la famille, je vous prie de tous me pardonner Yaya ;

- **A mon grand frère Derleck** : Un grand frère, un conseiller après tout, tu es spécial à mes yeux, je suis vraiment désolé de t'avoir déçu mon grand frère, pardonne-moi pour tous mes erreur grand frère ;

- **A mon grand frère Genèse** : Merci grand, tu m'as beaucoup apporté et beaucoup soutenue, tu es spécial grand frère, je suis sincèrement désolé de t'avoir déçu je t'en prie pardonne moi Yaya ;

- **A mon petit John** : Mon futur bachelier, le meilleur petit j'ai eu sur cette terre, je suis désolé de mon comportement mon petit pardonne moi de tous mes erreurs ;

- **A Princia** : Tu es, tu resteras toujours, une femme pas comme les autres, sage, poli, intelligente, tu m'as toujours soutenue, tu es tout pour moi, je regrette tout le mal que j'ai pu te causer pardonne moi

- **À la famille NGOLO** : Je ne connais pas tout le monde de la famille, mais j'en juge bon, car vous êtes une famille appréciable, maman, vous m'avez pris comme

votre fils, vous m'avez aimé et accepté, je vous es beaucoup déçu, vous et votre famille je vous prie de me pardonner ;

- **A la famille KONATE** : Je suis sincèrement désolé de tout ma très chère famille pardonner-moi pour mes erreurs causer ;

- **À toute ma famille US-DJIRI** : Coach Ebele Mon grand Koubi, Godé, Pinado, Opportun, Ambertho, et tous les membres de l'académie US DJIRI et de l'EWAWA Congo Chine, je vous prie de tous me pardonner ;

- **À mon grand frère Aouem SAFOU** : Un père de famille, un conseiller, un frère, vous êtes spécial pour moi monsieur, je suis sincèrement désolé du mal que j'ai pu vous causer à vous et à votre femme, toute mes excuses grand frère ;

- **À la communauté STA CENTER** : Un projet, une vision, une vie, vous êtes et vous resterez toujours de la famille, je m'appelle STA CENTER, tu t'appelles STA CENTER, nous sommes de la famille STA CENTER. STA CENTER Toujours likolo, STA CENTER la lumière du monde, je suis sincèrement désolé du mal que je vous es causé je vous demandes mes sincère pardon ;

- **À mon papa Fabrice** : Un papa des papas, un policier exemplaire, intelligent et rempli de plein de sagesse, papa je suis vraiment désolé de mon comportement se livre est particulièrement vous, car je vous es beaucoup déçu papa, je vous prie de me pardonner papa ;

- **À KEMENGUET Roger Grace Aleck** : Un amour, je t'aime beaucoup RGA tu es mon meilleur ami de tous les temps, excuse-moi de tous mes erreurs mon frère, je suis vraiment désolé ;

- **À Teddy Michel** : Tu es spécial frère, que dire de plus, tu es devenu mon frère de sang, je suis sincèrement désolé mon frère, je m'en veux vraiment pardonne moi mon frère ;

- **À Tims** : Un frère grand et fort, tu es un amour, je t'aime beaucoup mon frère, tu as une grande place dans mon cœur, je suis désolé de m'avoir comporté ainsi je te prie de me pardonner mon frère ;

- **À mon partenaire Omar** : De loin tu es, tu resteras toujours un frère je suis sincèrement désolé mon frère ;

- **À mes partenaire Constant & Raph** : Je vous aime tant, je suis sincèrement désolé pour tout vous avez êtes les victimes de mes erreurs je vous prie vraiment d me pardonner, je ne sais pas par ou je vais commencer mais je vous prie de vouloir me pardonner mes chers partenaires ;

- **À Monelle** : Une femme belle et charmante, tu as beaucoup fait en moi, tu as toujours été spécial à mes yeux, je te demande pardon pour tous mes erreurs je suis vraiment désolé ;

- **À Francia :** Tu es spécial en mes yeux Francia, tu m'as beaucoup aimé, tu as été toujours là pour moi, merci pour cette amour.

- **À ma Japonaise** : Une des beautés les plus rare à trouver, une femme spécial et rempli d'amour, je t'aime beaucoup ma sœur.

- **À Divah** : Une femme intelligente, appréciable, aimable je t'ai beaucoup déçu, pardonne-moi pour tout le mal que j'ai pu te faire, je m'en veux vraiment ;

- **À Franck Mie Zoé** : Une femme qui m'a beaucoup apporté, ton amour a été tellement grande, une femme si spéciale, une amie appréciable, je m'excuse beaucoup de tout le mal que j'ai pu te causer excuse-moi ;

- **À Edna** : Une femme intelligente, remplie de savoir, une femme ponctuelle, tu m'as beaucoup soutenue et moi j'ai juste profité de toi, pardonne-moi pour tout, je suis désolé, je m'en veux vraiment excuse-moi ;

- **À mes Speeder** : Toujours vous, mes deux personnes que je respecte dans ce monde, je suis sincèrement désolé du mal que j'ai pu vous causer, mes deux partenaires, je vous aime ;

- **Marc** : Je m'excuse du mal que j'ai pu te faire, tu as été la cible de mes erreurs, je te prie de me pardonner, tu m'as considéré en tant qu'un et ton père m'a considéré en tant qu'un fils, et moi ce que j'ai pu faire c'est vous détruire, je vous prie de me pardonner ;

- **Aldy** : Frère je suis désolé de tout, tout se passait bien, il fallait juste que je m'induis en erreurs pour tout détruire, je m'excuse de tout le mal que je t'ai causé, je suis sincèrement désolé ;

- **Belchina :** Tu es une sœur, je m'en veux de tout excuse-moi je suis vraiment désolé de tout, je te prie de me pardonner, je demande pardon à ton mari, à ta belle famille, je m'en veux de tout cœur ma sœur ;

- **Trésor :** Cher frère je suis sincèrement désolé du mal que je t'ai causé, tu es fâché contre moi, tu as raison de l'être, je t'ai déçu, je te prie de me pardonner ;

- **Elvis :** Je suis désolé de mon comportement envers toi, excuse-moi cher frère je suis vraiment désolé ;

<u>Tout ça a été un ressentiment du pardon</u>

La vérité et amour engendrent l'unité, la croissance de chaque personne. Il faut du courage pour dire la vérité dans l'amour et affronter ainsi l'opinion des gens. Aimer quelque ne signifie pas être toujours d'accord avec lui. Aimer quelqu'un s'est lui donner ce dont il a besoin et non ce qu'il désire au risque d'être rejeté.

D'après l'ouvrage, nous contactons que ces quatre (04) vertus de la vie, l'humilité, la douceur, la patience et l'amour aboutissent à un cinquième point : « **la paix ».** Cette paix sera le produit de relations harmonieuses entre frères. Efforçons-nous donc de conserver l'unité de l'esprit par le lien de la paix.

Chacun des quatre (04) vertus citées demande cette crucifixion. Aussi longtemps que notre moi occupe la place centrale, le pardon et l'unité ne pourront jamais pleinement se manifester.

Dans une société ou le moi prédomine, les hommes ne seront qu'une collection d'individus se combattant les uns les autres, chacun cherchant à défendre ses intérêts personnels. Mais quand le moi est crucifié, que christ et sa parole prennent la place centrale et que nous commençons à nous pardonner les uns les autres, la paix et l'unité de se réaliseront pleinement dans la société.

Table des matières

Printed by Books on Demand GmbH, Norderstedt / Germany